AF268179

LA
CAMPAGNE DU MENSONGE

OU

RÉFUTATION DES SOTTISES RÉPUBLICAINES

A PROPOS DES ÉLECTIONS

Extrait du Chapitre III de la Brochure : **Qui vive ?**

PAR UN PATRIOTE LORRAIN

> « Il n'est certainement entré dans la
> « pensée de personne que le Président de
> « la République, qu'un Maréchal de
> « France, le vainqueur de Magenta et de
> « Malakoff, se résignerait jamais à devenir
> « le jouet des factions et des passions
> « radicales et l'instrument passif de leurs
> « exigences. »

(Discours prononcé à l'Assemblée nationale par
M. Buffet, le 24 décembre 1875, et solennellement
approuvé par M. le maréchal de Mac-Mahon,
par sa lettre du 25 décembre 1875.)

PARIS

CHEZ LES PRINCIPAUX LIBRAIRES

NANCY	MIRECOURT
WAGNER, LIBRAIRE-ÉDITEUR	CHASSEL, IMPRIMEUR
Rue du Manége, 3	Rue de l'Hôtel-de-Ville

1877

Campagne du Mensonge

CHAPITRE III.

Les armes du Radicalisme dans les élections.

Impudence et mensonge. — Arbitraire et despoti.me. Une note à l'appui. Procédés peu flatteurs pour les paysans. — Nous nous en souviendrons. — Principales bourdes républicaines : « *Le gouvernement des Curés*. — *Gare les dimes !* Un mot sur le budget des cultes. *Le droit du Seigneur*. — *La Guerre*. Les outranciers de 1871. — *Le chômage des Affaires*. — *Gare l'Empire ou la Monarchie*. Ma proclamation si j'étais ministre. *Les gouvernements à bon marché*. Raisons et chiffres. La commission du budget. — Economies républicaines. — Autre piperie des mots : Liberté, Egalité, Fraternité. Le suffrage universel. — Journalisme et brochures. — Belle parole de Montalembert.

Les jours d'orage, les mouches sont plus que de coutume pullulantes et agressives. L'acte énergique et loyal du 16 mai et la dissolution de la Chambre, (bien que les 363 affectent de leur faire joyeuse mine), a produit une certaine secousse d'électricité révolutionnaire. Le guêpier radical est fort en mouvement; on bourdonne bruyamment dans ce monde là, on mord, on pique, on ment avec impudence. Il n'y a pas d'autre expression pour rendre avec exactitude la situation respective des radicaux avec le maréchal de Mac-Mahon, que de dire qu'ils en sont à couteaux tirés.

Les mêmes personnes qui se pâmaient d'aise alors que Gambetta dictateur ordonnait des proclamations à la France, organisait les armées, désorganisait les conseils généraux (1), nommait les préfets, donnait des plans de campagne, légiférait, taillait, rognait, en plein danger, sans mandat ni contrôle ; les mêmes personnes trouvent tout-à-fait exorbitant que le Maréchal, chef de l'Etat régulièrement élu, se permette d'avoir une opinion à lui, de parler de son droit, de ses devoirs, de ses responsabilités et par-dessus tout d'employer les pronoms *je* et *moi*, pronoms factieux et insupportables dans la bouche de tout autre que M. Thiers (2).

1. Voici ce que nous lisons dans une brochure célèbre : *Equilibre européen après la guerre de* 1870.

« Le cabinet de Vienne, préoccupé de la résistance inattendue de Paris et du développement soudain de nos armées dans la province, pensa que le moment d'une médiation armée était venu. Un seul obstacle arrêtait l'Autriche, l'état précaire de ses finances. Monsieur Gambetta chargea un *agent confidentiel que le gouvernement français entretenait à Vienne,* d'aborder *nettement la question des finances avec le gouvernement autrichien, en déclarant qu'elle serait résolue par la France.* »

« L'Autriche stipula ses conditions qui furent acceptées : *Un million de francs par mille homme mis en campagne.*

« Toutefois, comme tout naturellement le semblant de gouvernement qui existait à Tours inspirait peu de confiance et sans doute beaucoup de répugnance à l'Autriche, celle-ci déclara qu'elle entendait traiter avec une Assemblée élue : *ayant qualité pour représenter et engager la France,* lors même que cette réunion compétente ne serait prise que dans le *sein des conseils généraux et désignée par ceux-ci.*

« *Mais M. Gambetta repoussa d'une façon absolue :* « *toute pensée d'un* « *appel aux électeurs ou de la convocation d'une Assemblée quelconque* » *et l'on en resta là.*

Est-ce clair ? Impossible de révoquer les faits en doute. *Paris-Journal* affirme que depuis longtemps ils sont connus dans toutes les cours de l'Europe. D'ailleurs M. Gambetta reste muet et se garde bien de protester. Ce qui a arrêté cet homme de malheur dans les négociations qui pouvaient nous sauver, c'est l'ambition de dominer seul, de présider en dehors de la France à ses destinées.

(2) Dans un discours-manifeste prononcé à Arcachon en 1875 par M. Thiers. le pronom *je* s'y trouve 85 fois et le pronom tout aussi haïssable *moi* 54 fois. — En tout 159 affirmations de la personnalité. — C'est dans ce même discours que nous retrouvons la phrase célèbre dont on a tant ri sur les boulevards :

« Ce printemps, un trouble de cause inconnue s'est produit dans les esprits, et alors l'Europe s'est-elle montrée hostile ou indifférente à la France ? Loin de là. *Un cri de paix est parti de tous les cabinets.* »

Fi, Monsieur Thiers !

O l'impudence radicale !

Comment, voilà des gens (car ce sont les mêmes qui ont fait la plus épouvantable des révolutions, la révolution devant l'ennemi), les Gambetta, les Simon, les Crémieux, les J. Favre qui protestent et s'indignent, eux qui n'ont rien respecté en volant le pouvoir ! Leur ministre de la justice a arraché de leurs siéges les magistrats inamovibles, fait fermer les tribunaux dont les membres osaient ne pas plier sous leur joug insupportable, bouleversé la magistrature de fond en comble, révoqué, au mépris des droits acquis, depuis le président jusqu'aux juges de paix, dont *six cents* ont été *fauchés*, selon l'expression du garde des sceaux Crémieux.

Leur ministre de l'intérieur a fait emprisonner les sénateurs, il a traqué les députés, cassé les préfets, persécuté les fonctionnaires de tous ordres, supprimé tous les journaux qui lui déplaisaient.

Leur ministre de l'instruction publique a frappé les recteurs, destitué les inspecteurs, révoqué les instituteurs par centaines.

Leur ministre des finances a pratiqué des coupes réglées dans les rangs des inspecteurs, des directeurs, des percepteurs et jusque dans la masse des plus petits serviteurs.

Leur ministre de la guerre a révoqué des généraux, brisé des carrières honorables, contracté des marchés déshonorants, ruineux pour le pays (1).

---

(1) Au début de la séance du 16 juin, un député de la droite, M. Bourgeois, a déposé sur le bureau de la Chambre un projet de loi dont voici la teneur :

A l'occasion des Comptes du Gouvernement du 4 Septembre, la Cour des Comptes *constate un déficit de* 200 *millions au moins dont la justification n'a pu être faite.*

En conséquence, je demande que l'examen de cette importante question soit soumis à la Chambre des députés avant sa séparaton.

En un mot, ces hommes ont usé, abusé du pouvoir dictatorial au-delà de toute limite. Et les voilà aujourd'hui qui se posent en puritains de la légalité.

Mais avec l'impudence qui leur fait « *avaler bien des crapauds* », selon l'expression du chef de file, Gambetta, nos radicaux ont encore pour armes des procédés à l'effet de créer des courants d'opinion. Ils jugent que les paysans sont des imbéciles, dont l'intelligence bornée est accessible à une seule idée. Le procédé consiste donc à répandre dans les campagnes un gros mensonge, une vilaine calomnie bien bête, bien stupide, appropriée à l'entendement présumé de ceux que les radicaux appellent encore les « *ruraux* ».

Dans les Vosges, par exemple, il a suffi de dire, pour faire échouer la candidature de M. Buffet, « *qu'il était cause de la guerre ; qu'il arrêtait l'essor des dentelles, et, (ce qu'il y a de plus fort), qu'il empêchait les poules de pondre.* »

C'est absurde, n'est-ce pas ? mais le moyen a réusssi ; et on se prépare à inventer de nouvelles bourdes contre les candidats conservateurs, pensant que les paysans seront encore assez stupides pour donner dans ce piége rustique.

Essayons de démasquer les principales :

Vous serez gouvernés par les curés ! — Un vieux dicton du Midi affirme que les sorciers, rares dans les mauvaises années de vendanges, deviennent très-

---

Cette proposition loyale et honnête a été accueillie par les vociférations de la gauche. Demander des *comptes* à ces gens-là, quelle audace !

Demandez-leur des paroles, mais ne leur demandez pas de RENDRE L'ARGENT. A quoi servirait la République, si elle n'enchérissait pas les Républicains ?

communs dans les bonnes ; ce qui prouve que les idées de sorcellerie hantent surtout le cerveau des ivrognes.

Il en est à peu près de même d'un fantôme évoqué avec terreur depuis quelque temps : le *Cléricalisme*. On y croit ou l'on affecte d'y croire dans de certaines régions, telles que les journaux républicains, les loges maçonniques et les esprits des hommes incrédules. Mais dans les occasions qui nous ont été données de visiter et d'étudier les populations des départements, nous avons été forcés de reconnaître que les curés sont loin d'avoir l'influence que les radicaux redoutent si fort.

Il faut n'avoir jamais mis les pieds dans une paroisse rurale, pour ignorer l'effroi causé au paysan par le jeune curé, encore imbus des idées de son séminaire, étranger à la vie réelle, et qui laisse percer l'intention de donner des conseils en matière d'administration ou de politique. On saluera respectueusement le curé ; personne, ou bien rarement, n'aurait la pensée de le contrecarrer avec malice dans son ministère ; mais qu'il s'agisse d'élections municipales ou autres, le paysan s'attache à écarter les choix dont il suppose la pensée au curé.

Depuis l'établissement du suffrage universel, l'esprit du vote s'est démocratisé, et le paysan tient au choix de son bulletin comme un gueux tient à sa besace. Lorsque le cens divisait la commune en grands propriétaires qui votaient, et en petits propriétaires qui ne votaient pas, les petits, jaloux et rivaux des grands, pouvaient être influencés et dirigés par les conseils du curé. Mais depuis que, par l'abolition du cens, le paysan est devenu son maître, il entend le rester et il le demeure en effet.

L'invention du fantôme du cléricalisme est donc une extravagance. Nous reconnaissons qu'il y a encore des coins de la Bretagne où l'union du clergé et des populations est restée intime ; mais en admettant qu'il y ait en France l'équivalent de deux départements où l'action cléricale soit considérable, il est incontestable que dans les 84 autres, elle est absolument nulle ; et l'on peut citer de nombreux départements où elle est très-impopulaire. Les deux Charentes, la Gironde, les Landes, la Haute-Garonne, sont dans ce cas.

En résumé, le cléricalisme, considéré comme armé d'un pouvoir sérieux et dominant la politique en France, est une invention stupide.

Il faut des malintentionnés pour l'avoir inventé et des imbéciles pour le craindre.

Dieu merci, vous savez combien peu les curés et les prêtres sont capables de vous faire du mal. Les *Prêtres*, faire du mal et ne pas aimer la France ! mais ils sont vos fils, ils sont vos frères, ces prêtres tant attaqués, et ce sont plutôt les rouges et les communards qui les fusillent ou leur coupent le cou comme ils ont fait en 93 et en 1871.

Il ne faut donc pas vous laisser endoctriner par le premier commis-voyageur rouge venu. Cet homme qui s'appelle Gambetta disait l'autre jour : « *On n'arrache-* » *ra pas de la tête de nos paysans français que la main* » *du jésuite est dans tout cela.* »

Je suis paysan comme vous, mes amis, c'est pour cela que je vous parle ici. Ah ! çà, nous prend-il donc, ce particulier-là, pour des crétins qu'on grise avec des phrases. Que nous chante-t-il avec ses *jésuites* et ses cléricaux ?

Voyons ! est-ce le Pape qui nomme les ministres, les préfets, les généraux, et qui fait les élections ?

Sont-ce les évêques qui nomment les gardes-champêtres, les instituteurs, les percepteurs, etc. ?

Est-ce que nos curés sont du Conseil municipal ? Sont-ce eux qui fixent les impôts, qui font la police, qui s'occupent des routes ? N'est-ce pas plutôt le gouvernement qui nomme les évêques en s'entendant avec le Pape ?

Je ne vois les jésuites et les curés qu'à l'église, au catéchisme et au confessionnal pour ceux qui en usent. Et vous voyez cela avec moi, j'en suis convaincu, mes amis.

Ce M. Gambetta nous prend vraiment pour des pierrots, quand il veut nous faire avaler tous ses crapauds en silence. Ne savons-nous pas que beaucoup de nos évêques, que presque tous nos curés sortent de nos rangs et qu'il leur est impossible de ne pas nous aimer ? Les prêtres ont à soigner les malades, à instruire nos enfants, à leur apprendre l'obéissance aux parents. Ils laissent les tripotages politiques aux autres.

Est-ce à dire que le clergé doive s'abstenir dans les élections et rester « dans la sacristie » comme le voudraient les radicaux ? En conscience, non.

Un prince de l'Eglise, à qui quatre-vingt-dix ans d'expérience donnaient un poids singulier, Son Ex. le cardinal de Billiet, archevêque de Chambéry, trace magistralement le devoir du prêtre dans les élections, par cette lettre adressée à son clergé le 1er janvier 1872 :

« Dimanche prochain, 7 de ce mois, on procédera dans chaque commune, à l'élection d'un député à l'Assemblée nationale. Le Comité conservateur a proposé un membre qui réunit les conditions désirables. Réduisez, ce jour-là, l'office paroissial à une messe basse célébrée de bon matin. Recommandez à tous vos électeurs d'aller voter et d'élire un bon catholique ; dites-leur que c'est pour eux une obligation de conscience sous peine de péché grave ; faites en sorte qu'il n'y ait pas d'abstentions dans votre paroisse. Nous avons eu jusqu'ici beaucoup de mauvaises élections, parce que nous avons eu beaucoup de votes irréfléchis et beaucoup d'abstentions. »

Que peuvent dire les radicaux de cette lettre souverainement respectable, et qui est de tous points en conformité de sentiments avec ce que le Souverain Pontife disait le 2 juillet 1872 aux curés de Rome sur le même sujet : « Faites usage de vos droits ! »

A propos des dernières élections, surtout de celles du Morbihan, ces droits ont été vivement attaqués ; et bon nombre de membres de la gauche, parlant au nom de la liberté, ont prétendu que le titre de *fonctionnaire public* (attribué à tort au clergé puisqu'il, n'a pas de pension de retraite ni de récompense nationale comme M. Ricard), devait lui interdire toute intervention. Ont-ils bien réfléchi, ces prétendus libéraux, que s'ils sont logiques, ils vont enchaîner la liberté de pas mal d'autres citoyens, plus *fonctionnaires* que le clergé, et qui d'après de tels principes ne pourraient être électeurs, ni s'occuper d'élections ?

Ils parlent de *salariés* par l'Etat. Sont-ils députés pour rien ?

Ils se plaignent que le clergé distribue des bulletins de vote et donne des conseils. Eux colportent bien autre chose ! La bouteille, le bock, la chope et des harangues, hum ! qui ne sont ni prônes ni sermons. A chacun ses armes ! Un bon curé me disait : « Les nôtres sont plus morales. »

Ils veulent exclure le prêtre catholique ! Pourquoi n'exclure que lui et ne point parler des rabbins, ministres réformés, etc. etc. ? Ils en veulent donc au catholicisme, religion nationale !!! Mais avec des électeurs chrétiens et conservateurs, ils n'auront jamais la victoire sur l'Eglise et sur l'ordre.

Les dîmes, le droit du Seigneur. — Encore un épouvantail pour les bonnes gens du peuple.

Qu'étaient-ce que les dîmes ? C'étaient jadis des redevances en nature que les paysans des domaines ecclésiastiques payaient chaque année à l'Eglise pour reconnaître son droit de propriété. Avec les dîmes, ou dixième du revenu prélevé sur le fonds, le clergé entretenait les écoles, les hospices, bâtissait les églises, nourrissait les pauvres, etc., etc.... La dîme a été abolie, et si elle avait dû revenir, la Restauration l'aurait rétablie. Mais depuis le vol et la vente des biens ecclésiastiques, le clergé n'est plus propriétaire. Conséquemment, les curés ne sauraient plus avoir aucun droit sur le patrimoine du peuple. Comme il importe cependant qu'ils vivent honorablement selon leur caractère et puissent encore venir en aide à l'infortune ou à toutes les œuvres utiles, il a fallu que l'Etat leur allouât une indemnité en compensation des ressources qu'il avait gaspillées et dérobées à l'Eglise. Le traitement de 900 francs (1) que reçoit le clergé n'est donc pas un

(1) La question du traitement des curés de compagne a eu le triste privilége d'attirer l'attention de certains hommes politiques.

Voyons cependant quelles sont les ressources de ce modeste fonctionnaire et de quelle somme se compose son budget.

Il est bien entendu que nous ne parlons que d'un prêtre de campagne pris au hasard.

Le desservant touche du gouvernement la somme de. . .	900 fr.
Honoraires des messes	250 fr.
Casuel	150 fr.
Total	1,300 fr.

Faisons remarquer, en passant, que nous ne parlons que des curés de campagne, et que, pour un très-grand nombre d'entre eux, ce chiffre de 1,300 francs est difficilement atteint.

Maintenant, quelles sont les dépenses :

Pour le service du presbytère, et c'est bien peu, croyons-nous.	200 fr.
Par conséquent, il faut compter la nourriture de deux personnes.	800 fr.
Le chauffage	150 fr.
Les vêtements.	150 fr.

privilége ni une *grâce*, c'est une dette sacrée de l'Etat, comme le déclarait le tribun Mirabeau dans la séance du 30 octobre 1789. On trouvait dur autrefois de donner le dixième du produit de son champ pour entretenir le pasteur des âmes. La Révolution nous en a dispensés. Seulement au lieu de payer le tribut sous le nom de dîme, on le paye maintenant sous forme d'impôt. Seulement tandis que la dîme était proportionnelle à la récolte, l'impôt est d'une rigueur absolue et se paye toujours, qu'on récolte ou qu'on ne récolte pas. Seulement au lieu de verser la dîme entre les mains d'un homme pieux, qui la rendait en soins spirituels et en aumônes, on la remet au percepteur qui la verse dans les caisses de l'Etat, d'où elle va souvent alimenter des théâtres, des danseuses, des fêtes publiques et autres choses de ce genre. Et encore, quand la gelée ou la grêle avait détruit ou diminué vos récoltes, le pasteur écoutait vos plaintes, et, au lieu d'exiger de vous ce que vous ne pouviez donner, il vous donnait ce que vous n'aviez nul droit d'exiger. Aujourd'hui, essayez de fléchir le percepteur : la loi est inexorable ; vous payerez ou vous aurez l'expropriation.

Ah ! si nos campagnes n'avaient pas d'autre danger à craindre que le rétablissement de la dîme, elles pourraient dormir tranquilles. Personne ne songe à revenir

Le blanchissage	50 fr.
Les pauvres	50 fr.
Impositions.	30 fr.
Eclairage	40 fr'
	1,470 fr.
Le total des recettes étant de	1,300 fr.
Il y a donc un déficit de	170 fr.

Nous n'ajouterons qu'un mot :

A la campagne, les indigents de la paroisse, les malades, le mendiant de passage, les vieillards infirmes, les enfants en haillons, ne connaissent guère que la porte du curé, et c'est toujours au dessservant qu'ils s'adressent. *(Figaro)*.

sur les vieilleries surannées, abolies pour toujours et qui supposaient d'ailleurs un pays tout autrement organisé qu'il ne l'est aujourd'hui. Il ne s'agit pas de revenir au moyen-âge ni aux usages anciens ; les peuples et les Etats ne peuvent pas plus revenir au moyen-âge, que l'homme ne peut revenir aux années écoulées de sa vie. Autre temps, autres mœurs ! !

Nos démocrates le savent bien, mais ils savent aussi ce qu'écrivait il y a cent ans leur frère et ami, le démocrate Voltaire : « Mentons, mentons comme des diables, il en restera toujours quelque chose. »

Infligeons ici un solennel démenti à cette infâme calomnie du *droit du seigneur*, qui (cela est prouvé par des documents authentiques), n'a jamais existé ni en France ni ailleurs. Aujourd'hui encore les journaux rouges ont repris avec une sorte de rage ce vieux mensonge, qui osait accuser la France chrétienne d'avoir admis dans son droit public une immoralité aussi grossière. Ils savent qu'ils mentent ; mais ils n'en mentent pas moins effrontément, sachant que le paysan est crédule, que cette accusation, à l'approche des élections, exaspérera le peuple contre les conservateurs ou les châteaux.

Il y avait bien, dans les temps anciens, un *droit du seigneur* très-répandu parmi les chrétiens, et dont les anabaptistes ont conservé la tradition. C'était l'opposé de ce que suppose la presse radicale ; c'était la consécration à Dieu des trois premiers jours de mariage, que les époux passaient dans la continence et la piété. La France chrétienne n'a jamais connu d'autre *droit du seigneur* que celui-là.

Cela veut-il dire que, jadis, il n'y avait pas d'abus de ce genre, et que, par-ci par-là, quelques seigneurs débauchés n'abusaient pas de leurs positions ? Personne ne

le prétend. Aujourd'hui comme alors, les passions hon-
teuses abusent de tout pour se satisfaire. Autrefois c'é-
tait l'ascendant de la propriété et de la noblesse ; aujourd'hui c'est l'ascendant de la fortune et de la crainte.
Combien de pauvres femmes, séduites, déshonorées,
non par des seigneurs, mais par un contre-maître, par
un patron, par un directeur d'usine, de théâtre ou de
magasin ! Combien surtout par ces sales journalistes
qui ne croient ni à Dieu ni à diable, foulent aux pieds
toutes les lois morales, passent sans sourciller par-dessus tous les adultères, par-dessus toutes les infamies.
Nos chefs communards ont donné de leur immoralité
des échantillons que la France n'oubliera pas de sitôt. Il
faut être radical éhonté pour oser parler encore des
vertus républicaines.

Exagérations ridicules ou indignes calomnies , voilà
en quoi se résument les fameux droits féodaux que la
Révolution jette sans cesse à la face du peuple, pour
l'épouvanter à la façon des moineaux, qu'on effraye avec
des mannequins bizarres ou des oripeaux de couleur
flottant au milieu des blés.

La Guerre. — A tous ces vieux spectres usés et dont
on rit comme autant de mannequins, ils ont ajouté
celui de la guerre. « Avec un ministère clérical, on
» risque d'avoir la guerre avec l'Allemagne et l'Italie.
» Veux-tu, ô paysan ! qu'on envoie ton fils se faire tuer
» pour remettre le Pape sur un trône ? »

Guerre avec l'empereur Guillaume, guerre avec le
roi Victor-Emmanuel, tel est l'étau de feu entre lequel
l'avènement du ministère de Broglie place le pays, tels
sont la situation, le danger à courte échéance qu'il faut
exploiter contre lui ; tel est le courant d'opinion qu'il

faut créer. Ce n'est plus la République seule qui est menacée par la réaction ; c'est la France, en votant pour le Maréchal, que l'on va faire écraser par la marche sur son territoire des deux armées coalisées contre elle de l'Allemagne et l'Italie.

Etrange contradiction ! Pas un de ces outranciers de 1870 (1) qui ne soit devenu pacifique à l'excès, et ne jette à la figure d'un candidat conservateur : « *Vous êtes cause de nos désastres, vous avez voté la guerre !* »

N'allez pas tomber dans cette erreur fatale de croire que ce changement leur soit inspiré par l'amour de la France. Non ; comme en 1870, ils ne regardent que l'intérêt, non pas même de la République, mais de *leur* République.

En 1870 ils voulaient la guerre à outrance parce qu'ils sentaient bien que sans cela *leur* République, déshonorée et condamnée à mort par l'opinion du pays, n'avait pas deux jours à vivre. Aujourd'hui l'intérêt reste le même, mais le moyen est différent. Comme on exploitait la guerre au profit de la République, on exploite aujourd'hui la paix. On va même plus loin, on regarde du côté de Berlin et on constate avec une joie cynique, que les ennemis les plus implacables de la France la mettent dans la cruelle alternative de choisir entre la République et la guerre. Mais, que demain l'intérêt de leur République vienne à changer, que les gouvernements étrangers, par exemple, regardent la démagogie comme un danger et fassent des vœux pour une restauration

---

(1). Ont voté pour la guerre :

MM. Gambetta, Jules Simon, Jules Ferry, Ernest Picard, Dorian, Magnin, membres du gouvernement du 4 septembre, de Kératry, préfet de police du gouvernement du 4 septembre ; Rampont, directeur général des postes, Steenackers, directeur général des télégraphes, du gouvernement du 4 Septembre ; Barthélemy Saint-Hilaire, chef du cabinet de M. Thiers ; Larrieu, préfet, et Lecesne, fournisseur du gouvernement du 4 Septembre. (*Extrait du Journal Officiel*)·

monarchique, et aussitôt vous entendrez les amis de la paix rugir la *Marseillaise*, procéder aux levées en masse et arroser leur odieuse dictature du sang de nos enfants.

Cette conduite déloyale n'échappera pas aux électeurs qui réfléchissent et qui se souviennent. Et la France n'hésitera pas un instant entre la parole du maréchal de Mac-Mahon qui veut la paix et celle des radicaux et des communards qui l'accusent de vouloir la guerre : « La France ne se mêlera à aucune complication exté- » rieure. Personne en Europe ne doute de ma parole, » et j'en reçois chaque jour l'assurance. » (Discours de Compiègne). Est-ce assez précis ? Toute la presse conservatrice étrangère n'a fait qu'applaudir à un aussi pacifique langage.

Au surplus, les affirmations si nettes apportées à la tribune par M. le ministre des affaires étrangères, et le traité de commerce qui vient d'être signé, le 6 juillet, entre la France et l'Italie, par MM. de Meaux et le général Cialdini, mettent à néant la prétendue mésintelligence que les radicaux ont cherché à faire naître entre les deux pays.

** **

Rien ne va plus. — L'une des plus aimables manœuvres du parti radical est certainement celle qui consiste à troubler le mouvement commercial déjà si peu prospère depuis longtemps, en proclamant *sans preuves loyales* que les affaires ont été subitement arrêtées par l'acte de 16 mai.

Faisons justice de cette drôlerie, en montrant la mauvaise foi des démagogues, par des chiffres authentiques et des constatations officielles.

D'abord, il importe de rechercher si l'état de langueur de quelques industries tient à des causes récentes et particulières à notre pays, ou s'il n'y faut voir qu'une manifestation partielle de la crise commerciale que toute l'Europe traverse en ce moment. Il convient ensuite de s'assurer si cette crise tend à s'accentuer ou si, au contraire, l'ensemble des affaires ne marche pas vers une reprise.

Sans parler de l'état du marché financier et de la hausse de plus de deux francs que présentent les cours de la rente 3 0/0 sur ceux du mois dernier, l'industrie des raffineurs est en pleine activité.

Une dépêche officielle de Lyon annonce que la crise dont l'industrie de la soie souffrait depuis huit mois, s'atténue depuis quinze jours ; sept à huit cents métiers de tissage ont repris ; les ouvriers teinturiers, qui ne travaillaient que deux ou trois jours, sont désormais occupés toute la semaine.

Une autre dépêche de Saint-Etienne constate une amélioration dans l'état des industries métallurgiques et rubannières ; l'armurerie y est très-active.

En outre, l'*Indépendance de l'Est* du 15 juin, insérait elle-même dans son bulletin métallurgiste une correspondance de Saint-Dizier dans laquelle on lit ce qui suit :

« Les affaires ne font pas défaut. Nous continuons à
» noter une bonne suite d'ordres pour le feuillard. Le
» fil de fer a aussi une demande passablement satisfai-
» sante. La pointe est décidément en faveur, les deman-
» des sont nombreuses... L'activité ne se ralentit pas
» dans les usines... La plupart des hauts-fourneaux ont
» leur production engagée pour toute l'année courante,
» on ne se presse donc pas pour écouler le peu qui
» reste à placer. »

Rien qu'en jetant les yeux autour d'eux, sur les travaux de construction qui s'accomplissent en ce moment à Paris, les journaux qui cherchent à jeter l'inquiétude dans les esprits, pourraient aisément constater que l'industrie du bâtiment qui, on l'a dit souvent et avec raison, est peut-être celle qui donne le plus sûrement la mesure de l'activité et du travail, est dans une période de prospérité à laquelle le nouvel essor donné aux travaux de l'Exposition universelle depuis la visite du Maréchal n'est certes pas étranger. Les grands ateliers de chemin de fer, des compagnies de gaz, des voitures, etc., occupent toujours un nombre égal d'ouvriers ; la fonderie, la construction des charpentes en fer, et tout cet ensemble d'industries qui constitue la richesse de la France et de sa capitale, comme les grandes fabrications d'habillements, de voitures, d'articles de Paris, et, dans un autre ordre d'idées, le négoce de la draperie, de la mercerie, des cuirs et et peaux, etc., etc., sont dans une situation qui n'est pas moins prospère aujourd'hui qu'il y a quelques semaines. Certaines industries même, telles que la carrosserie de luxe, qui était languissante, ont repris une nouvelle activité et recommencent à occuper leurs ouvriers dix heures par jour.

Citons encore cette lettre d'un grand industriel du Calvados et qui résume l'impression des négociants depuis le 16 mai :

. . . .

« Depuis trois ans, les commerces de haut luxe et de goût, qui sont, n'en doutez pas, la pierre de touche du commerce en général, périclitaient d'une façon désastreuse. Plus le flot démagogique, que l'on voyait avec effroi escalader jusqu'aux sommets du pouvoir, montait, plus l'argent se resserrait, moins on achetait. Le député Gambetta a prétendu à la tribune que pas un seul commerçant en France n'était satisfait du 16 mai.

« Le brouillon qui s'était permis cette affirmation n'est pas au courant de la situation commerciale. Il s'est trompé ou il a sciemment altéré la vérité.

« Fabricant de dentelles dans le Calvados, j'occupe environ deux mille ouvrières.

« Approuvant énergiquement l'acte du 16 mai, j'ai voulu savoir par moi-même si ma conviction était partagée par mes correspondants, et, du 19 mai au 1er juin, j'ai fait moi-même une tournée dans les villes de Lyon, Marseille, Nîmes et Montpellier.

« Sur au moins cent correspondants, *deux* seulement se sont montrés hostiles à l'acte du maréchal. La grande majorité approuve sans réserve.

« J'ai pris de nombreux ordres, là où l'on m'affirmait que je n'en recevrais pas, et notre chiffre d'affaires a été supérieur de *vingt-quatre pour cent* au chiffre de juin 1876. »

Et comme si cet industriel tenait à montrer d'où partent souvent ces faux fruits colportés dans tous les hôtels et cafés de France par des commis-voyageurs, il ajoute avec justesse :

« On devrait tenir compte qu'avec le système du suffrage universel, le vote de chaque chef de maison est noyé dans ceux des dix ou douze employés qu'il a chez lui, et qui pratiquent le proverbe : Notre ennemi, c'est notre maître.

Mais que le maréchal organise un plébiscite commercial. Nous sommes persuadés que, en prenant les grands fabricants, agriculteurs et commerçants, il aura dix-neuf voix sur vingt ! »

Eh bien, voilà la vérité. Il n'était pas inutile de le faire voir.

Comme c'est la vérité, les calomniateurs gagés du parti auront le plus grand soin de n'en pas souffler mot.

On conviendra que les radicaux ne sont guère heureux dans leurs... arguments. Soyez sûrs que toute manœuvre radicale porte en elle son radical mensonge !

*

— *Le Maréchal et ses ministres vont ramener l'Empire ou la Monarchie.* — Encore une arme de la Révolution.

Quand on veut tuer son chien, nous enseigne un vieux dicton, on dit qu'il est enragé. C'est commode pour le maître, mais fort désagréable pour le chien. Le radicalisme, toujours enragé, a compris la nécessité de retourner le dicton à son profit, et il s'en va continuellement aboyant, en dépit de l'écume qui lui sort de la gueule ou des cruels ravages qu'il laisse partout où il passe, que c'est le maître qui est enragé.

De même que le boa, avant d'engloutir sa proie, prend soin de l'enduire de bave, de même le radicalisme commence par déshonorer ses victimes pour les frapper plus sûrement ensuite.

« C'est un bonapartiste ! »

Tel est le mot d'ordre, tel est, en face de la démagogie menaçante, le *garde à vous* des radicaux. Pour cette accusation, il n'est besoin ni de preuves ni de vraisemblance. Elle trouve toujours un crédit.

Si un ministre montre de l'énergie, c'est un bonapartiste.

Si un préfet emploie la force et rétablit l'ordre, c'est un bonapartiste.

Si un administrateur inspire confiance et préfère l'action à la parole, c'est un bonapartiste.

Si un écrivain défend l'armée et exalte nos généraux, c'est un bonapartiste.

Si, homme de bon sens, vous vous gardez d'applaudir

à certaines diatribes, si vous vous rappelez la part qui incombe à la France dans toutes les fautes de l'Empire, vous voyez bientôt la galerie se pousser le coude, et chuchoter à votre endroit... infailliblement ça veut dire : c'est un bonapartiste !

Si, même, pauvre provincial, vous dites simplement en apercevant Paris : Oh ! les beaux boulevards ! Vous voyez chacun hocher la tête et se regarder d'un air fin... et cet air fin veut dire : encore un bonapartiste !

D'abord, on avouera que c'est une étrange manière de combattre l'Empire que de dire que ce régime renferme tous les hommes d'action, tous les hommes de cœur, d'énergie et de volonté, et qu'en dehors de ce parti, il n'y a qu'incertitude, faiblesse et impuissance. Mais, le plus curieux, c'est qu'alors même qu'on n'a aucune des qualités, dites « bonapartistes », il suffit simplement de refuser de frapper l'Empire pour s'attirer ce reproche. C'est là ce qui est absolument particulier à cette opinion.

Mais le Maréchal et le ministère ne s'inquiètent pas plus de cette qualification que d'une autre accusation aussi absurde :

« Ils vont rétablir la monarchie ! » et que les radicaux répandent dans les rangs de la multitude. On lui fait croire que l'extrême droite, la droite, le centre droit se sont entendus, non pas pour faire l'essai loyal de la République par le Septennat, mais pour installer la conspiration en permanence, la conspiration parlementaire légale, et la conspiration protégée par l'épée de Mac-Mahon.

A la place de M. de Broglie et de M. de Fourtou, je dirais au pays :

« Vous avez appelé le maréchal de Mac-Mahon à votre secours ; il s'est dévoué ; il a livré aux orages de la politique la plus pure gloire de ce siècle ! Mais, si vous croyez que le maréchal est venu pour protéger de son épée des chimères et des conspirations, vous vous trompez étrangement !

» Notre gouvernement est un gouvernement établi, un gouvernement sérieux, légal, et que nous saurons faire respecter ! Nous ne supporterons aucun manifeste, aucune revendication, de quelque côté que cela vienne. Nous sommes ici avec la mission de rétablir le calme et l'ordre dans le pays, et nous le rétablirons !

» Pour cela, on nous a donné sept années ; sept années de travail, de labeur, de réorganisation ;... ces sept années, nous les voulons ! Et si nous repoussons les hommes de parti, nous acceptons les citoyens de bonne volonté, les hommes d'affaires, les travailleurs !... Légitimistes, bonapartistes, républicains, tous ceux qui voudront apporter leur pierre à l'édifice, seront les bienvenus parmi nous... Mais de la politique... nous n'en voulons plus ! La politique, nous la regardons désormais comme une menace de guerre civile, ou plutôt comme de la trahison.

» Aussi, forts de notre droit et de notre mission, nous allons marcher droit devant nous ! Nous vous présenterons des lois énergiques, radicales, telles qu'il les faut à un malheureux corps gangrené... »

L'histoire est là pour montrer comment une haute et ferme parole finit par dominer les discoureurs impuissants, et quel appui un homme d'action trouve tôt ou tard chez les honnêtes gens, quand, au nom de la patrie, il tient un certain langage et qu'il montre un certaine audace.

. . .

— *Les monarchies coûtent trop cher.* — C'est précisément le contraire qui est vrai ; et MM. les radicaux

feront bien de songer sur ce point au proverbe espagnol :
« *Parler sans réfléchir c'est tirer sans viser* ». Nous
avons des chiffres pour leur fermer la bouche.

Rappelons-nous d'abord ce que nous avons gagné
aux révolutions successives que les hommes de gauche
ont infligées à la France :

Dans sa plus vaste étendue, le premier empire ne
dépensait qu'un milliard.

Le budget le plus élevé de la restauration, après solde
des dettes de l'Empire, n'atteignait pas même un milliard.

Le dernier budget de la monarchie de juillet dépassa
quelque peu 1600 millions.

Le premier bubget de la seconde république, monta
subitement à 1700 millions.

Le dernier budget du second empire était de 1900
millions.

Le budget proposé pour 1878, sous la troisième république, dépasse presque de 900 millions le plus lourd
budget du second empire.

On dira que la faute de cette augmentation doit
retomber sur l'Empire. Mais les hommes du 4 Septembre
n'y ont-ils pas également contribué, en refusant de
faire, après Sedan, un traité de paix moins désastreux
pour la France (1) ?

(1). Après la ratification des préliminaires de paix, M. Thiers déclarait que nos désastres se résumaient par un chiffre de dix millards, et
faisait ainsi la part des fautes :

« Ceux qui ont fait la guerre nous ont condamnés à la dépense
» nécessaire de 4 milliards ; ceux qui l'ont prolongée trop ont *DOUBLÉ*
» *le désastre et la dépense. Je le dis pour être complètement juste.* »

Ainsi donc, c'est aux folies de M. Gambetta que nous devons d'avoir à
payer encore trois milliards à la Prusse ; M. Thiers a affirmé que la
« rançon de la défaite » n'eut été que de deux milliards et demi, et
« *nous aurions moins perdu de territoire si on n'avait pas poussé la
guerre à des* EXTRÉMITÉS DÉSASTREUSES. » De plus, il résulte du
travail fait au Ministère de l'Intérieur pour la répartition des secours aux
victimes de la guerre, qu'après Sedan il n'y avait que 20 millions de
dégats causés par l'invasion dans *quatre départements seulement* ; tandis
que 6 mois plus tard les pertes éprouvées par *trente-quatre départements*
atteignaient le chiffre de 886,957,755 *francs*, c'est-à-dire 860 millions de
plus qu'avant le Gouvernement de la « Dépense nationale. »

Pendant l'invasion, n'a-t-on pas vu les républicains se montrer follement prodigues des deniers publics? Et depuis, l'état de nos recettes et de nos dépenses n'est-il pas un acte d'accusation contre la majorité des gauches, qui, en peu de mois, a augmenté successivement les charges des contribuables tout en détruisant l'équilibre du budget ? « *Nous marchons au déficit* » s'écriait M. Léon Say le 8 décembre 1876, et cette expression n'était pas assez énergique. Nous sommes en déficit, telle est la vérité ; et la gauche ne peut rejeter la responsabilité de cette situation sur les majorités monarchiques, puisque c'est elle qui, faisant de la commission budgétaire une question politique, a nommé M. Gambetta président de la commission du budget. Hélas ! quelle triste commission du budget !

Autrefois, du temps que le budget était une question financière, on avait soin d'élire des financiers, des ingénieurs, des militaires, c'est-à-dire des gens spéciaux, compétents et pratiques. Aujourd'hui sous la république ce n'est plus cela, le budget n'appartient plus aux économistes, il devient la proie des avocats.

Sur les 33 élus des 11 bureaux de la dernière commission du budget, nous ne trouvons que cinq commissaires ayant, comme ancien ministre, ingénieur et maçon, une capacité quelconque dans les matières financières.

Tout le reste est avocat ou journaliste. Est-il étonnant dès lors que, depuis deux ans seulement, nous trouvions plus de 210 millions d'accroissement au budget ?

Et pensez-vous qu'en face d'une telle situation, nos économistes de la gauche consentent à déposer sur l'autel de la patrie le traitement de 9,000 fr. qu'ils émargent au budget ? Ils s'en garderont bien. C'est plus commode de rogner le budget des cultes, d'imposer aux communes le ruineux établissement de l'instruction obligatoire et gratuite. Est-ce tout? Non. La gauche se proposait encore de surcharger la propriété foncière, de surtaxer les valeurs mobilières, et en même temps de faire exécuter par l'Etat, pour satisfaire les petites villes, un immense réseau de chemins de fer qui ruinerait les actionnaires des six grands réseaux exploités par nos grandes compagnies et ferait ainsi disparaitre une autre fraction de la fortune publique.

Voilà en deux mots la situation financière que nous ménageaient MM. les républicains dont la plupart, ainsi qu'on l'a souvent répété, sont « *l'incarnation de l'ignorance et de la désorganisation.* »

Aujourd'hui il n'y a qu'une seule résolution à prendre : diminuer les dépenses et réduire l'impôt par l'économie, comme le font nos voisins d'Allemagne et d'Angleterre. Dès lors les ressources budgétaires s'accroîtront, si un vigoureux pouvoir, comme celui du Maréchal, rend au pays la sécurité et la confiance.

*
* *

Voici encore une piperie de mots qui prouve bien, selon le mot de Madame de Staël, qu'il est facile de faire prendre une bêtise pour étendard au peuple le plus spirituel de la terre :

VIVE LA LIBERTÉ, L'ÉGALITÉ, LA FRATERNITÈ !

Liberté. — Dans son sens vrai, c'est la puissance de faire le bien sans entraves. Pouvoir faire le mal n'est pas un acte de liberté, mais son abus ; c'est la licence ou la liberté du libertinage.

Quand donc, avec parade, les tribuns d'un peuple en révolution font imprimer sur le fronton des édifices publics le mot de liberté, ils *pipent* le peuple, qui n'en comprend pas le vrai sens, et qui en conclut qu'il a le droit de tout faire et de tout défaire. Il crie : *Vive la liberté !* et il renverse le trône, et il brûle le palais, et il pille le voisin et il démolit le temple. — *Vive la liberté*, et il tue le riche, le sergent de ville, l'archevêque, le gendarme, le général, les femmes, les enfants, les vieillards ! *Vive la liberté !* et il déboulonne la colonne, il pille les sépulcres de St-Denis, il arrache la croix du Panthéon. *Vive la liberté !* et on le fourre au violon, au bagne, à l'enceinte fortifiée ou à Nouméa.

Egalité. — C'est le mot d'ordre de la Révolution française : Guerre aux priviléges ! Un jour, dans la République des animaux, la grenouille voulut se faire aussi grosse que le bœuf, et

La chétive pécore
S'enfla si bien qu'elle creva.

C'est le sort réservé à toutes les républiques démocratiques égalitaires.

Vouloir que tous les hommes soient égaux en fortune est aussi absurde que de vouloir qu'ils soient égaux en esprit, en talents, en appétit, en embonpoint, en stature. La vertu sera à tout jamais un privilége sur le vice, la science un privilége sur l'ignorance, le génie sur la sottise, la richesse sur l'indigence. Etablissez le matin l'égalité de la fortune, le soir elle n'existera plus, car dans la journée les hommes d'ordre auront économisé, tandis que les fainéants auront dissipé au jeu, au cabaret ou ailleurs. Cette égalité sociale ou abolition des priviléges est donc une piperie pour le peuple crédule.

Fraternité. — Ainsi parlait frère ⁎⁎ Renard désireux de dîner *avec* un coq perché en sentinelle sur la branche d'un arbre et à qui il disait d'une voix calme :

> Nous ne sommes plus en querelle,
> Descends, que je t'embrasse.
>
> (LA FONTAINE, *Fable* 15, liv. II.)

> Après mille ans et plus de guerre déclarée
> Les loups firent la paix avec les brebis.....
>
> (LA FONTAINE, *Fable* 13, liv. III).

Mais cette paix et cette fraternité aboutirent à un massacre général des crédules brebis et des chiens confiants.

Et telle est la fraternité que rêvent et proposent les « frères et amis » de la République.

— Partageons, disent-ils.

— Oui, mais quoi donc?

— Hé! parbleu ce que vous avez.

— Et vous, que mettrez-vous à la masse?

— Peuh! est-ce que j'ai besoin d'y mettre? Nous sommes frères!

Tel est le système des partageux. Prendre et ne rien donner, car la propriété pour eux c'est le « Vol »; prendre c'est restituer et rétablir la justice! O piperie! piperie.

Les ouvriers, à qui il n'y a aucune raison de ne pas accorder autant de bon sens qu'à tous les autres êtres humains, ne réfléchissent pas assez sur les piéges qu'on leur tend, sur les mensonges qu'on leur sert, sur les amères déceptions qu'on leur a toujours préparées En effet, depuis qu'ils font des grèves officielles, des révolutions, depuis qu'ils ont fait la Commune, qu'ont-ils recueilli de plus clair? Le chômage, puis la gêne, puis la misère, puis les conseils de guerre, c'est-à-dire la mort pour quelques-uns et l'exil à Nouméa.

La réflexion n'est pas venue aux ouvriers de se demander qui étaient les exploiteurs auxquels ils se

ivrent, et de peser les avantages que ceux-ci retirent
de leur exploitation à côté des misères qui retombent
sur eux, ouvriers ? Qu'ont-ils gagné aux prédications
des Tolain, des Jules Simon, des Gambetta, des Louis
Blanc, des Pressensé, des Marx, des Bakounine, des
Quinet, — l'ancien pétitionnaire royaliste, — des Victor
Hugo, — l'ancien pair de France, — et autres escomp·
teurs de popularité ?

Ce que les ouvriers ont perdu à écouter ces exploiteurs, ils peuvent le dire. Ils doivent savoir clairement
aussi ce que ces gens-là voulaient, ce qu'ils cherchaient
en leur ouvrant des perspectives infinies d'illusions :
— les uns capter leurs suffrages pour les jours d'élec·
tion, les autres absorber leur argent pour en vivre
grassement et se faire un renom — si triste qu'il soit
— dans le monde.

Leur faute est de se laisser fasciner par les jongleurs,
par les saltimbanques, par les arracheurs de dents de
la place publique, par les diseurs de bonne aventure, et
de ne se confier point à ceux qui ne leur promettront
rien de plus que ce que les conditions et les rigueurs
de la vie permettent de promettre, mais qui tiendront
leur parole parce qu'ils ont intérêt à la tenir, le sort
heureux des classes ouvrières faisant partie de la
somme de bonheur et de prospérité d'une société et
d'une nation.

Le suffrage universel. — Encore une piperie !

Mais, d'abord, faisons une distinction :

Certes je ne manquerais pas d'arguments contre le
« suffrage universel » — mais il ne faut pas s'y trom-
per ; sous les diverses royautés et gouvernements qui
se sont succédés depuis un demi-siècle, nous avions

autre chose que le suffrage universel. Mais aujourd'hui nous avons précisément *le contraire du suffrage universel*.

Jamais à aucune époque les « candidatures officielles » ne se sont produites avec autant d'audace et d'impudeur — qu'aujourd'hui — seulement ce n'est plus le gouvernement nominatif responsable qui les déclare et les soutient — c'est le *contre-gouvernement* — c'est le gouvernement apocryphe — c'est le parti soi-disant républicain, radical et socialiste. — En effet les ministères qui, sous la Restauration, et... plus tard pratiquaient le plus énergiquement la « candidature officielle » prenaient au moins la peine de faire des promesses, — ceux-ci — aujourd'hui — envoient des mots d'ordre sans les appuyer d'aucune raison, promulguent des candidatures et sont obéis aveuglément — je le veux, je l'ordonne, pas d'autre raison que ma volonté.

Voulez-vous un fait à l'appui ? il y en a à choisir — je me contenterai de rappeler — l'ordre parti de Paris d'élire le parisien Ranc à Lyon où personne ne le connaissait — l'ordre promulgué à Paris d'y élire le lyonnais Barodet, dont personne n'avait jamais entendu parler.

Et le nombre est infini aujourd'hui des niais et des jobards qui appellent « liberté » et « suffrage universel » un procédé qui met toutes les élections de la France et ses destinées entre les mains d'une coterie.

J'accepte donc — très momentanément et sous bénéfice d'inventaire — le suffrage universel qui serait universel ; nous aurons occasion d'en reparler ; mais je déclare une guerre opiniâtre, inflexible à cette chose qui est le contraire du suffrage universel et qu'on appelle le suffrage universel — et qui tue la France.

Je dis tout net : le suffrage universel direct, tel qu'il est appliqué, est la plus immense bêtise et la plus certaine ruine qui se puisse inventer.

— Ne vous mettez pas en colère, attendez que j'aie fini. — Ce procédé, au moyen duquel vous voulez gouverner une nation de trente millions d'hommes, pas un de vous n'oserait l'appliquer au gouvernement de ses bottes et de son chapeau.

» Appliquez-le à l'armée — ce règne du nombre — ce sont les soldats qui commanderont aux officiers.

» Appliquez-le à un navire, ce sont les matelots les plus ignorants qui dirigeront le bâtiment.

» Appliquez-le à une famille, — ce seront les enfants, pourvu qu'ils soient trois, qui conduiront le père et la mère.

» Appliquez-le à une voiture, — ce sont les chevaux qui mèneront le cocher.

Si le système de l'élection démocratique est un moyen légitime de jugement, c'est à la condition d'être exercé conformément aux lois naturelles et religieuses, à l'honneur et à la conscience.

Le suffrage universel d'une foule irritée, révolutionnaire, ignorante et influencée, n'est point un jugement, c'est une prévarication ; et M. de Broglie avait bien raison, parlant au nom du gouvernement, de jeter à la gauche cette vigoureuse apostrophe :

« On m'a accusé parfois d'avoir méprisé le suffrage « universel : je n'ai jamais rien fait qui approche du « mépris que vous témoignez pour lui, en cherchant « à l'égarer par vos manœuvres depuis un mois ! » (Discours au Sénat, juin 1877).

Si le despotisme de Caligula fit sénateur son cheval, le suffrage a envoyé plus d'un aliboron dans nos assemblées délibérantes. Aussi voici ma proposition :

Ou que l'on revienne au suffrage restreint comme avant 1848, ou qu'on rende le suffrage universel *obligatoire*, à la commune, pour élire des représentants qui iront au chef-lieu élire les députés.

Hors de cela, vous agirez comme un ivrogne, qui, ennuyé de la rougeur de son nez et ne voulant pas quitter la dive bouteille, met de la poudre de riz sur ce nez ; hors de cela, il n'y a que mensonge, gâchis, ruine ou céruse sur du rouge.

La Presse. — Aujourd'hui, si l'on voulait assigner à la presse le rang qui lui revient à raison de sa puissance, il faudrait dire, non pas comme autrefois, qu'elle est le quatrième pouvoir, mais qu'elle est le premier. Les ennemis de la société ont fait l'essai de la puissance de cette arme, et c'est sur elle qu'ils comptent pour ressaisir le pouvoir

> Un mal qui répand la terreur
> Mal que l'*enfer* en sa fureur
> Inventa pour *semer* les crimes sur la terre.
> *Le Journal* (puisqu'il faut l'appeler par son nom),

est un des plus grands fléaux qui menacent notre chère patrie. C'est un poison subtil et à petites doses successives qui s'infiltre dans les couches sociales et qui y porte la corruption des idées et des mœurs, amenant fatalement la dissolution.

Les journalistes se divisent en deux catégories bien distinctes : les désintéressés, qui font la guerre à leurs dépens, en faveur des *bons principes !* et les manouvriers de la presse, qui font du journalisme un métier honteux. Ces derniers, les plus nombreux et les plus audacieux de notre temps, n'ont ni convictions religieuses, ni convictions politiques. Leur conscience est dans leur encrier, et ils vendent leur encre au plus offrant. Selon l'intérêt de leur bourse, souvent vidée par l'inconduite, ils plaident avec une ardeur toute républicaine le pour et le contre, en se moquant de leurs crédules lecteurs. Ils flattent l'esprit d'opposition afin de grossir le nombre de leurs abonnés ; et les journaux les plus malfaisants et les plus plats sont souvent ceux qui réussissent le mieux.

Le peuple ne saura jamais tout ce qu'il y a d'ignoble dans cette bohème errante et vagabonde qui constitue la majeure partie des journalistes nomades et républicains. Fouillez leur léger bagage, vous y trouverez indubitablement un faux toupet, un faux nez, une fausse barbe, trois cocardes diverses ; en résumé, un habit d'arlequin ; toutes couleurs pour tous les goûts suivant l'argent :

> Je suis oiseau, voyez mes aîles
> Vive la gent qui fend les airs !
> Je suis souris, vive les rats !
> Jupiter confond les chats !

« Monnoye fait tout, » disait jadis Paul Riquet en creusant le canal du Midi ; c'est aussi la maxime des irrigateurs d'immortalité :

> Notre intérêt est toujours la boussole
> Que suivent nos opinions.
>
> (FLORIAN.)

Quoi qu'il en soit de sa source et de sa pestilence, ce torrent d'encre empoisonnée porte la dévastation et la ruine jusque dans les hameaux. Le peuple n'a plus aujourd'hui d'appétit que pour les lectures épicées. Les imaginations blasées ont besoin de leur absinthe quotidienne et il leur faut pour un sou de journal.

Au journal qui vieillit vite ou qui se perd, on a joint la brochure, c'est-à-dire ce petit livre qui, sous un titre honnête et parfois séduisant, cache les doctrines les plus dangereuses.

Actuellement, la presse vomit chaque jour une quantité énorme de ces productions malsaines qui prennent toutes les formes pour mieux s'insinuer chez les lecteurs crédules. Ici c'est une petite brochure jaune ou verte ; là c'est un journal orné d'un frontispice curieux , ailleurs c'est une couverture présentant, comme *Boquillon*, des figures drolatiques ; aujourd'hui c'est l'almanach, le cher almanach si bien venu chez les habitants des campagnes, mais qui, cette fois, n'a plus de l'ami que le masque ; car il vient, non pour amuser et pour instruire, mais pour raisonner et pour corrompre.

Ah ! que de ravages ces détestables brochures ont déjà fait dans nos villages ! Combien de têtes ont été retournées sens dessus dessous ! J'ai vu des villages, renommés pour leur esprit paisible et religieux, transformés tout à coup en véritables clubs démagogiques sous l'influence de ces livres funestes et de ces journaux menteurs. Il y en a où la métamorphose est si complète, qu'ils ne sont plus reconnaissables. A la paix d'autrefois a succédé le trouble ; au bon accord des habitants, les disputes et les procès ; à la pratique des devoirs chrétiens, l'immoralité et l'impiété !

En présence d'un tel débordement de la mauvaise presse, la devise du nouveau gouvernement, pour remplir la lourde tâche qui lui incombe, doit être celle-ci : « Ne rien laisser faire qui trouble l'ordre matériel, ne rien laisser dire qui puisse vicier l'esprit public. »

Quant à nous, conservateurs, nous devons nous efforcer plus que jamais de *prendre un temps*, comme on dit en fait d'escrime, c'est-à-dire saisir le moment

où l'adversaire pense à nous faire un coup pour lui
allonger le nôtre. Nos ennemis luttent et ferraillent,
avec la parole et l'écrit, pour le renversement de l'ordre
social ; luttons avec les mêmes armes afin que le peuple
ne reste plus à la merci du premier empoisonneur
venu.

Puis confondons-nous tous, plus ou moins, dans cet
acte de contrition que M. de Montalembert formulait
à la tribune de l'assemblée nationale le 12 janvier 1849.

« Si je me reproche quelque chose dans mon passé,
c'est de ne pas avoir assez aimé, assez respecté, assez
défendu le principe d'autorité ! »

Mirecourt, typ. Chassel.